[美] 吴军 著

给孩子的
人类文明史

7

童趣出版有限公司编　人民邮电出版社出版
北　京

图书在版编目（CIP）数据

给孩子的人类文明史 . 7 /（美）吴军著；童趣出版
有限公司编 . -- 北京：人民邮电出版社，2023.5
ISBN 978-7-115-60414-9

Ⅰ. ①给… Ⅱ. ①吴… ②童… Ⅲ. ①世界史 – 文化
史 – 少儿读物 Ⅳ. ① K103-49

中国国家版本馆 CIP 数据核字（2023）第 017993 号

著作权合同登记号 图字：01-2022-4730

著　　　　：[美]吴军
责任编辑：王敬栋　魏　允
责任印制：李晓敏
美术设计：木　春　李新泉

编　　　　：童趣出版有限公司
出　　版：人民邮电出版社
地　　址：北京市丰台区成寿寺路 11 号邮电出版大厦（100164）
网　　址：www.childrenfun.com.cn

读者热线：010-81054177
经销电话：010-81054120

印　　刷：鸿博睿特（天津）印刷科技有限公司
开　　本：787×1092　1/16
印　　张：4.25
字　　数：80 千字
版　　次：2023 年 5 月第 1 版　2023 年 5 月第 1 次印刷
书　　号：ISBN 978-7-115-60414-9
定　　价：33.00 元

前言

3 世纪到 14 世纪的中国

3 世纪初期，汉朝灭亡，中国进入魏晋南北朝时期。该时期虽然战乱不断，但是各民族之间加强了交往、交流与交融，文化有着显著的进步，这些都为新的统一局面的出现奠定了基础。

6 世纪晚期，隋朝统一全国，再次结束了长期分裂的局面，中国进入了文明繁荣的隋唐宋时期。该时期，经济、科学技术、艺术等方面都有很大的建树，同时中国与世界各国的联系也在不断加强，经济文化的交流规模逐渐扩大。其实，唐朝和宋朝之间，也就是 10 世纪前半期，全国又出现短暂的分裂和动乱，进入五代十国时期。960 年，宋朝结束了五代十国的分裂局面，与周边民族先后建立的辽、西夏、金等政权形成对峙态势。

13 世纪，元朝再次实现多民族国家的统一。元朝时期，疆域空前辽阔，逐渐建立起较为完善的国家机构和制度，经济贸易、文化艺术等方面都得到了一定的发展，各民族间交融和东西方交流进一步加强。这些对以后统一多民族国家的巩固和发展产生深远影响。

目 录

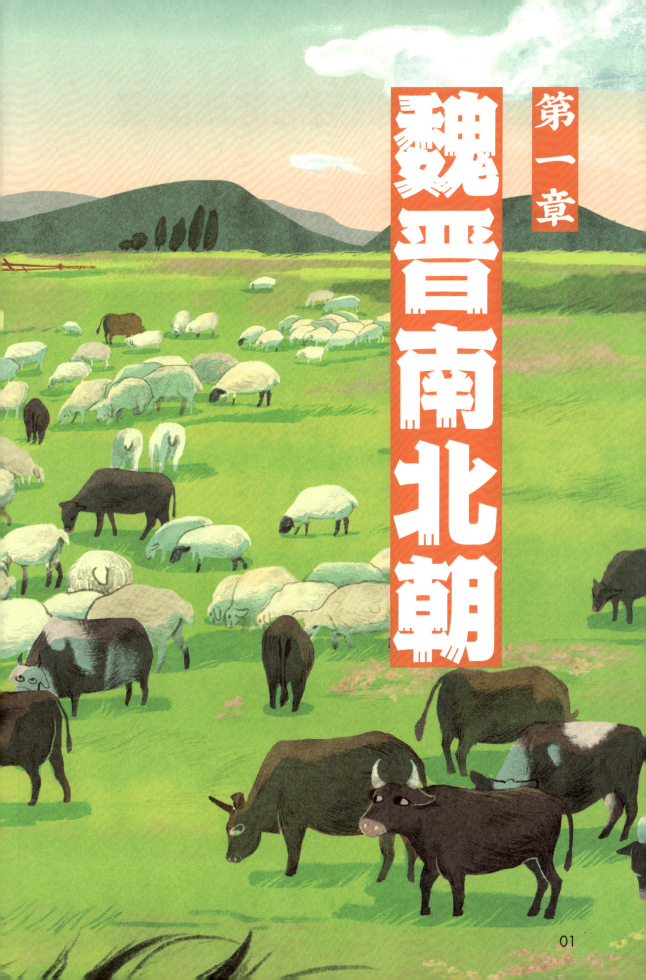

第一章

魏晋南北朝

魏晋南北朝时期的政治演变

220 年，长达 400 余年的汉朝政权走向覆灭。从此以后，中国步入近 4 个世纪的战乱阶段，多个民族接连建立起几十个政权。

按照先后顺序，这一历史阶段主要由 4 个时期构成：

● 政权分裂的三国时期（220—280 年）

● 短暂统一的西晋时期（266—316 年）

● 北方人南迁的东晋时期（317—420 年）

● 南、北两地政权分立的南北朝时期（420—589 年）

在历史学研究中，学者通常把这 4 个时期并称为"魏晋南北朝"，或"三国两晋南北朝"。"三国"是分割东汉的三家政权，也就是曹操的儿子曹丕建立的魏国、刘备建立的蜀汉和孙权建立的吴国。三国时期仅持续了 61 年，最终由两晋时期取而代之。

"两晋"是西晋和东晋的并称，西晋是天下统一的王朝，东晋则是皇族司马睿在江南一带建立的政权。西晋灭亡后，从 4 世纪初到 5 世纪前期，北方各族统治者先后建立了许多政权。历史上把北方主要的 15 个政权，连同西南的成汉，总称为"十六国"。

南北朝是南朝和北朝的统称，两朝都存在多个政权。北朝以北魏政权最为重要，北魏分裂形成了东魏和西魏，之后北齐取代了东魏，北周取代了西魏，最后北周又灭掉了北齐。

	┌ 曹魏		┌ 西晋
三 国	─ 蜀汉	**两 晋**	
	└ 孙吴		└ 东晋

十六国 ─ 前赵 成汉 前凉 后赵 前燕 前秦 后燕 后秦
西秦 后凉 南凉 南燕 西凉 北凉 夏 北燕

南北朝 ┌ 南朝：宋 齐 梁 陈

└ 北朝：北魏 东魏 西魏 北齐 北周

　　魏晋南北朝真正统一的时期仅有 30 多年，其他年代里，中原各地始终政权繁多，跟战国时期存在多个诸侯国有些类似。

　　自南北朝开始，内迁民族之间战争不断，经济遭到破坏，百姓流离失所。在这个时期，迁入中原的各民族在与汉族有所对立的同时，双方之间也产生了文化习俗的交流与融合。

　　魏晋南北朝的动荡局面结束后，中国先后步入隋朝、唐朝、宋朝三个国力迅速发展的时代。尤其是唐宋时期，中国的政治、经济和文化都达到了新高峰，经济和技术水平领先于当时世界上的其他国家。

曹操的诗歌

曹操（155—220年）是东汉时期的一名官员，他为魏国的建立奠定了基础，他的儿子曹丕是魏国的开国皇帝。曹操是著名的政治家、军事家，同时也是一名诗人，他创作的《短歌行》等诗篇具有极高的文学价值。

《短歌行》是汉乐府旧题诗，我们如今已经无法得知该诗的曲调，但依然可以通过朗诵诗文感受到字词和语音的庄重典雅。

短歌行

[东汉]曹操

对酒当歌，人生几何！

譬如朝露，去日苦多。

慨当以慷，忧思难忘。

何以解忧？唯有杜康。

青青子衿，悠悠我心。

但为君故，沉吟至今。

呦呦鹿鸣，食野之苹。

我有嘉宾，鼓瑟吹笙。

明明如月，何时可掇？

忧从中来，不可断绝。

越陌度阡，枉用相存。

契阔谈䜩，心念旧恩。

月明星稀，乌鹊南飞。

绕树三匝，何枝可依？

山不厌高，海不厌深。

周公吐哺，天下归心。

▲ 曹操

《三国演义》与《三国志》

《三国演义》是元末明初文学家罗贯中（约1330—约1400年）的文学作品，它与《西游记》《水浒传》《红楼梦》并称中国古典四大名著。

罗贯中在写作过程中，参考了史书《三国志》以及与三国相关的戏曲和说书人的话本，他对种种资料进行了艺术加工，由此写成了《三国演义》。

《三国演义》中有很多经典故事段落，但有些情节并不是历史上真实发生过的，比如"诸葛亮借东风"情节。

诸葛亮是西南政权蜀汉的丞相，周瑜是东南政权孙吴的大将，当北方的曹魏军队南下发起战争时，二人联合起来，共同对抗曹魏军队。

曹魏南下的前提是走水路渡过长江，抵达南方。但是，曹魏军队常年生活在北方，水军力量并不强大。加之长江水流湍急，船舶摇晃颠簸，士兵们的作战难度更大了。为了解决这一问题，曹操让士兵们将船舶首尾相连，把甲板变得像陆地一样平稳，从而加强训练效果。

周瑜想到一条妙计：虽说船舶在水上，但若是放火攻击，且火势足够大，曹魏水军的所有船舶就会因首尾相连而全军覆没。可是，曹魏的船阵在长江北岸，江上也一直在刮西北风，大火烧起来也不往曹营的方向去，这该怎么办呢？

诸葛亮对周瑜说：万事俱备，只欠东风。

东风从哪里来呢？诸葛亮声称自己能跟老天借东风，他告诉周瑜：十一月二十甲子日有东南风。

到了十一月二十甲子日这天，江上果然刮起东南风，周瑜成功实施火攻之计，对诸葛亮的能力感到无比惊奇。

真有人能跟老天借东风吗？其实，诸葛亮上知天文，下知地理，他是以观察自然环境的方式对未来的天气做出了正确预测。

人们现在经常用"万事俱备，只欠东风"来比喻一切都准备好了，只差最后的重要条件。

那么，有关这一事件的历史依据是什么呢？

根据《三国志》中的记载，火烧曹营的确是赤壁之战中真实发生过的事件，不过火攻之计既不是周瑜的妙招儿，也不是诸葛亮的谋略，而是周瑜部下黄盖的设计。赤壁之战为三国鼎立局面的形成奠定了基础。

　　《三国志》是西晋史学家陈寿（233—297年）编撰的史书典籍，是二十四史之一。它与西汉史学家司马迁的《史记》、东汉史学家班固的《汉书》、南朝宋史学家范晔的《后汉书》，并称为"前四史"。

　　相比较而言，两部关于三国的著作中，《三国志》是史学家对三国历史的叙述，而《三国演义》加入了作家想象虚构的内容。《三国志》写于西晋初年，与三国时期非常接近；而《三国演义》写于元末明初，其中包括大量民间传闻。

▲ 赤壁之战

▼ 三顾茅庐

小知识

历史上的诸葛亮

  根据史书记载，诸葛亮（181—234年）在年幼时失去了父母，随做官的叔父到荆州生活。叔父离世之后，他便隐居于隆中（今湖北省襄阳市），居住在茅草屋里。诸葛亮学问很深，尤其喜欢研究兵法。他平日里与世无争，却十分关心天下大事。

  刘备一心想复兴汉王朝的统治，到处招贤纳士。刘备听说一代英才诸葛亮在隆中隐居，便前来请他辅佐打天下。为了邀请诸葛亮，刘备不止跑了一趟，而是先后专程拜访了三回，成语"三顾茅庐"就是描述这件事的，后来人们便用该成语比喻诚心诚意地邀请人。

魏晋南北朝时期的多民族交融

中国有 56 个民族，汉族人口数量最多，其他民族并称为"少数民族"。

今天的汉族人是汉朝的中原人吗？魏晋南北朝时期内迁到中原的各民族是今天的少数民族吗？

其实，今天的汉族不仅包括汉朝以农耕为生的中原人，还包括了汉朝东部、北部和西部的草原民族，以及岭南和中南半岛原住民等多个种族。魏晋南北朝时期迁入中原的各民族与今天的少数民族没有直接的联系。

魏晋南北朝时期，内迁民族和汉族的交融大约可以划分为三个阶段。

第一阶段，北方游牧民族迁入中原：多民族杂居

266 年，司马炎（236—290 年）建立西晋政权。280 年，西晋灭吴，统一了全国。为了避免外人把持政权，司马炎在政治上采用了分封制。司马炎死后不久，八个手握重兵的封王先后起兵，相互混战，史称"八王之乱"。

西晋时期，北方草原部落势力壮大，向南迁移到黄河流域，一些部落首领甚至在中央政府做官。304 年，匈奴人刘渊在北方称王，建立汉国。汉国军队于 311 年占领了西晋都城洛阳，他们俘虏了当时的皇帝晋怀帝，杀死皇室成员、朝廷官员及百姓数万

人，史称"永嘉之乱"。316 年，汉国军队攻破长安，造成了西晋王朝的覆灭。

永嘉之乱过后，镇守长江下游的皇族司马睿（276—323 年）于 317 年重建晋王朝，以建康（今江苏省南京市）为都城，建立了东晋政权。后来，中原的士族大家纷纷随他搬迁到江南一带，当地的经济水平也实现了进一步提升。

382 年，十六国中前秦的君主苻坚（338—385 年）统一了北方大部分地区。

苻坚是氐族人，他重用汉人官员，推行一系列改革，还安排各族首领搬迁到都城长安，其他贵族则留在

原来的聚居地，实行内部自治。

有一次，与苻坚同族的人带头发动叛乱，这让苻坚对自己的族人戒心大增。他把一些同族赶出前秦的中心城市关中（今陕西省中部），又让大量外族人迁入当地。

苻坚清楚地认识到，民族交融是巩固政权的前提，但是他在中央缺乏支持，对地方的控制力又十分有限，所以前秦政权并不稳定。

382 年，苻坚认为前秦兵力壮大，企图灭亡东晋，统一全国。当时，前秦的朝廷官员和王室成员都提出了反对，只有鲜卑贵族表示赞同。实际上，鲜卑人真正的想法是希望前秦和东晋两败俱伤，这样他们就获得了夺取政权的机会。

383 年，前秦军队和东晋军队在淝水（今安徽省寿县）爆发了著名的"淝水之战"。这场战役中，苻坚本打算先后撤，再突然发起袭击，然而撤退刚开始，就有人大喊"秦兵被打败了！"，前秦军队顿时乱了阵脚，彼此踩踏，再也没了士气。东晋军队趁机发起攻击，一举击败前秦军队。淝水之战过后，前秦政权也落入其他民族手中。

淝水之战后，北方各政权的军队多次威胁到南方东晋政权的首都建康，东晋统治者也曾短暂地占领了北方重要城市洛阳和长安。但是，各个政权距离统一天下的终极目标依然遥远。

▲ 苻坚

第二阶段，北魏改革：内迁民族向汉族学习

西晋八王之乱后，鲜卑人迁入中原，并在各政权的战争中发展强大。后来，鲜卑族建立了北魏政权，于439年统一了北方。

当时，北方各族百姓长期居住在一起，在生产、生活和习俗方面与汉族人已经没有明显的区别。鲜卑统治者来自拓跋（bá）部落，由于内迁的时间比较晚，不熟悉汉文化及汉人的规章制度，无法有效地管理国家。

为了加强对地方的管理，几位鲜卑统治者先后推行了一系列解决办法。

拓跋焘（tāo）（即北魏太武帝，408—452年）招揽汉族人才做官，并且颁布了1000多个汉字，为隋唐时期多民族国家统一奠定了语言文字基础。

拓跋宏（即北魏孝文帝，467—499年）即位时年纪很小，由祖母冯太后（442—490年）代替他治理国家。冯太后有汉人血统，对汉文化更为了解。在游牧民族看来，狩猎的生活不受土地限制；但在农耕民族看来，土地是生活的必要条件。考虑到这一点，冯太后在掌权期间推行了一些土地改革措施：把因战乱而荒废的土地分给百姓；限制豪强购买土地；直接向百姓收取赋税，避免豪强隐瞒户口和土地等。

通过改革，北魏由草原游牧政权转变为中原农耕政权，正式走进文明时代，而冯太后也因此得名"文明太皇太后"。

冯太后驾崩之后，拓跋宏掌权执政，继续推行政治和文化方面的改革，史称"孝文帝改革"。

孝文帝改革主要措施：将都城从北边的平城（今山西省大同市）迁到南边的洛阳，政权中心也就从草原游牧地带过渡到农耕文明地带；改鲜卑姓为汉姓，比如"拓跋"改为"元"，"步六孤"改为"陆"，"勿忸于"改为"于"，等等；规定官员在朝廷中必须使用汉语，禁用鲜卑语，以汉服代替鲜卑服；鼓励鲜卑贵族和汉人贵族联姻，等等。

孝文帝通过改革加强了对地方的管理，北方各民族之间的交融也更进一步，为后来的国家统一奠定了基础。

北魏在汉化（其他民族的语言文化、风俗习惯被汉族同化）改革上取得了成功，但内乱也因此而爆发。当时，驻守在北方边疆地带的鲜卑贵族很少有机会接触汉文化，所以被那些接受了汉化的同胞看不起，受到了不公正的待遇。他们坚决反对汉化，并发动了叛乱。

　　这次叛乱被北魏军队镇压了，但也加剧了北魏政权的分裂。534 年，北魏分裂为东魏和西魏。无论是东魏、西魏，还是取代二者的北齐、北周，这几个政权都非常短暂，从建立到灭亡均不足 30 年。

▲ 拓跋宏

第三阶段，北方民族大交融

北周前后，或者说是自西魏到隋朝期间，多民族的融合进入了第三阶段。

西魏时期，北方各民族之间进一步交融，贵族阶层形成了中国历史上影响力最大的士族群体，也就是历史学家所说的关陇（今陕西、甘肃一带）集团。统治者宇文泰主张把实现民族交融的关中地区当作新的文化中心，取代过去山东和长江东岸的汉文化中心。

北齐取代东魏之后，统治者没有顺应民族交融的大趋势，导致政权由盛转衰。

北周取代西魏以后，统治者继承了宇文泰的政治策略，继续推进各民族的交融。这一时期，北方各族民众的界限基本消失，人们联合起来抵御外敌，国力也因此得到提升。577年，北周军队征服了北齐，重新统一了北方地区。

民族融合的过程中，内迁到中原的一些民族放弃了游牧和渔猎，开始以农耕为生。他们不断学习汉族文化，完成了本民族的汉化。与此同时，中原民族也学习了这些内迁到中原的各民族的生活方式，在饮食、穿着、用具和娱乐等方面受到了不同程度的影响。

魏晋南北朝时期的政治制度

西汉时期，朝廷通过察举制选拔官员。到了东汉，豪强世家具备操控政治的实力，通过"举孝廉"向朝廷输送自家子弟，导致寒门读书人少有做官的机会。

后来，曹魏政权的统治者曹丕创立了一种新的官员选拔制度，也就是"九品中正制"。在这种制度下，中央政府会任用那些既有才能，又懂得鉴别人才的精英担当中正官。中正官去往各地考察，根据品德和能力把人才划分为九品，朝廷按品级选用这些人才。

上上 一品
上中 二品
上下 三品
中上 四品
中中 五品
中下 六品
下上 七品
下中 八品
下下 九品

▲ 中正品级

九品中正制刚刚推行时，寒门子弟还有做官的机会。但没过多久，士族大家掌控了选拔官员的权力，寒门子弟也就很难再入朝做官。

西晋永嘉之乱后，司马睿打算在江南建立政权，但是当地士族并不看好他。北方最有影响力的士族是琅邪王氏家族，这一家族中的王导、王敦两兄弟支持司马睿。相传，他们曾策划一场行动，借此收买江南士族的人心。

在一个盛大的节日到来之际，王导、王敦请司马睿坐上华丽的轿子巡游，还派出一支声势浩大的仪仗队陪同出行。作为北方士族的代表，王氏兄弟恭恭敬敬地跟在队伍后面，表达对司马睿的忠心。通过这场行动，江南士族认识到司马睿的地位极高，于是纷纷拥护他，帮助他建立了东晋政权。

据说，司马睿登基时，还曾邀请王导一同接受官员的朝拜，史称"王与马，共天下"（王氏家族与司马家族共享天下）。后来，王导和王敦一直是东晋的重要官员，司马睿也对他们尊敬有加。

东晋政权结束后，南朝的士族大家仍然把持着官员选拔通道。士族子弟不需要努力就能获得官职，于是整天沉迷玩乐，不思进取。

北朝的风气相对好一些，但士族的政治权力同样强大，比如西魏的关陇集团就是由士族大家构成的。西魏之后是北周，北周之后是隋唐，朝代发生了变化，但掌握权力的家族并没有改变，关陇集团在后来的几个世纪中始终把控着政权。

杨坚是隋朝的开国皇帝，他的岳父是西魏高官。李渊是唐朝的开国皇帝，他的爷爷也是西魏高官。

▼竹林七贤

竹林七贤

魏晋时期，社会内乱不断，朝廷腐朽黑暗。一些有志气的读书人对现实感到不满，他们不愿与官员同流合污，所以选择在山林里居住。

在众多有志之士中，最著名的莫过于嵇康、阮籍、山涛、向秀、刘伶、王戎和阮咸。这七位贤士都主张老子和庄子的道家思想，时常聚集于嵇康所在的山阳县（今河南省焦作市云台山一带）喝酒作乐，吟唱诗歌。

当时的政治家给了文人很大压力，不允许他们直接抒发思想。因此，嵇康等七位贤士常常用比喻、象征或神话等手法来写作文章。他们因处世方式和文学才华而闻名于天下，并称"竹林七贤"。

七贤之一嵇康（223—262年或224—263年）擅长文学，精通音乐。可由于不愿踏入官场，他只能选择以打铁为生。

七贤中的山涛（205—283年）后来迫于压力为朝廷做事，见嵇康生活困难，曾推荐他去做官。嵇康得知此事愤怒非常，提笔写下一封绝交书，就此与山涛断绝交往。

在这封绝交书中，嵇康列举了自己不能做官的原因，却没有对山涛说一句恶毒的言语。尽管二人不再来往，但嵇康在临终前仍然把自己的儿子托付给山涛，而山涛也给予了周全的照顾。古人说："君子绝交，不出恶声。"这句话刚好可以形容嵇康和山涛之间的关系。

陶渊明

陶渊明（约365—427年）是东晋时期的诗人、散文家，他曾在朝廷中做官，但最终辞官，选择了归隐田园的生活。

陶渊明在《五柳先生传》中自称五柳先生，介绍自己性格安静，话不多，也不羡慕荣华财利。喜欢读书，不去深究字句的解释。每当对书中的内容有所领会，他就会高兴到连饭都忘了吃。

陶渊明曾写下许多描述田园生活的诗歌，被誉为"田园诗派之鼻祖"。

陶渊明才华过人，却不愿做官，因为当时朝廷黑暗，他看不惯一些官员的做法。一次，一位官员去往彭泽县视察，要求当时担任县令的陶渊明前去拜见。陶渊明品格高尚，不愿为这样傲慢无礼的人弯腰鞠躬，于是称自己宁愿饿死，也"不为五斗米折腰"。"五斗米"指的是微薄的薪水，后人常用"不为五斗米折腰"来比喻一个人清高，有骨气，不为利益而改变品性。

饮酒（其五）

[东晋]陶渊明

结庐在人境，而无车马喧。
问君何能尔？心远地自偏。
采菊东篱下，悠然见南山。
山气日夕佳，飞鸟相与还。
此中有真意，欲辨已忘言。

魏晋南北朝时期的科技和艺术

数学：祖冲之与圆周率

▲ 祖冲之

祖冲之（429—500 年）是南北朝时期杰出的科学家，他在数学、天文历法和机械制造方面都取得了极高的成就，以计算出圆周率更为精确的数值而闻名于世。

圆周率是圆形周长与直径的比值，一般用希腊字母 π 来表示，它是精确计算圆形周长、面积，以及球体体积的关键数值，属于几何学中的基础知识。

三国时期，魏国的数学家刘徽曾提出一种有关圆形计算的"割圆术"，而祖冲之正是运用这种方法推算出圆周率的值在 3.1415926 和 3.1415927 这两个数值之间。祖冲之后来与其子合著了一本名叫《缀术》的数学专著，把圆周率的计算结果收录其中。《缀术》在唐朝时被朝廷规定为算学科目的主要课本，后来传到日本、朝鲜，也被用作学校的课本。

天文历法方面，祖冲之根据观测和推算，制定了当时最为精确的《大明历》。祖冲之测算的地球绕太阳一圈的时间比现代天文学家测算的仅相差 50 秒。

机械制造方面，祖冲之能制造司南车和千里船等工具。根据史书记载，司南车"圆转不穷，而司方如一"（车子随便转动，指示方向却始终如一），千里船则能"日行百余里"。

▲ 司南车

农学：贾思勰与《齐民要术》

贾思勰（xié）是北魏农学家，他十分重视农业生产，编撰了我国目前已知最早的一部完整的农书《齐民要术》。贾思勰在著书过程中整理了古代书籍中记载的农业知识，收集了民间务农歌谣和谚语，探寻并验证了农民的生产经验。

《齐民要术》囊括了农业、林业、畜牧业、副业、渔业等行业的生产技术，内容非常丰富。贾思勰在书中提出了农业生产的重要规则，即"顺天时，量地利，则用力少而成功多，任情返道，劳而无获"，意思是人们如果顺应天时，衡量地利，就可以花较少的力气获得更大的成功；如果任性而违反规律，则会徒劳无获。

在贾思勰看来，人们耕作农田需要遵循自然规律，不断地改进生产技术和农用工具，从而获得更多的粮食收成。

▲ 贾思勰

书法与绘画

东汉蔡伦改进的造纸术大大方便了人们的书写和绘画，为书画艺术的发展提供了重要条件。东汉以后，书法成为新的艺术门类，名家大师的作品受到人们的推崇。

书法字体主要有五类，分别是行书、草书、隶书、篆书和楷书。三国时期，钟繇（yáo）和胡昭是曹魏的两位书法家，二人都擅长行书、草书、隶书三种字体。

东晋时期，书法家王羲之（303—361年）出身于琅邪王氏家族，自幼刻苦学习书法。王羲之尤其擅长行书，他写下的《兰亭集序》被誉为"行书第一"，他本人也因成就非凡而得名"书圣"。

▲ 王羲之

▼《兰亭集序》

北朝的北魏统治者推崇汉族文化，十分重视书法艺术，因此人们在石碑、墓碑等载体上留下了许多魏碑书法作品。魏碑书体具有运笔拙朴、风格多样的特点。

魏晋南北朝时期，佛教得到了广泛传播，宗教画也逐渐兴盛起来。东晋画家顾恺之（约345—409年）擅长人物画，他流传至今的代表作有《女史箴（zhēn）图》和《洛神赋图》。他的画作线条优美，人物生动，背景多为山水，体现出早期山水画的风格。

▲《女史箴图》（局部）

结　语

汉朝覆灭之后，中国步入近 4 个世纪的战乱阶段，这一阶段处于魏晋南北朝时期。

三国时期，曹魏、蜀汉和孙吴三分天下，后来由西晋短暂地实现了统一。西晋最终被匈奴人灭亡，东晋于江南一带建立起来。

东晋时期，北方步入"十六国"阶段，各民族政权之间战乱不断。与此同时，各族百姓互相学习，彼此交融，给中华民族的发展注入新的活力，为后来隋唐时期的繁荣奠定了基础。

自东汉以后，士族大家长期拥有很高的政治地位，东晋统治者甚至要在他们的帮助下治理国家。

魏晋南北朝时期，数学、农学得到了进一步发展，书法与绘画也因造纸术的改进逐渐走向繁荣。

隋唐宋

第二章

隋唐宋时期的政治制度和社会生活

魏晋南北朝以后，中华文明迈入了新的阶段，主要经历了隋朝（581—618年）、唐朝（618—907年）和宋朝（960—1276年）三个政权时期。

隋朝建立后，统一全国，结束了长时间政权分立的局面。在唐朝和宋朝之间，中国曾有短暂的政权分裂时期，也就是五代十国时期（907—979年）。五代十国是五代和十国的合称，其中"五代"指的是先后出现在北方黄河流域的后梁、后唐、后晋、后汉、后周五个政权，"十国"指的是出现在南方地区的吴、南唐、吴越、前蜀、后蜀、楚、闽、南汉、南平九个政权和北方割据太原的北汉这一政权。

宋朝都城曾发生迁移，由此被划分为北宋和南宋两个时期。北宋的都城东京（今河南省开封市）在北，南宋的都城临安（今浙江省杭州市）在南，两个时期因此得名。

隋唐宋三朝，中华农业文明迅速发展，呈现出前所未有的繁荣景象。国境之内，中国的经济和科技发展水平领先于世界其他国家，艺术文化也达到了新的发展高峰。国境之外，日本、朝鲜、越南等国家多次派使者到中国学习，并效仿中国的政治制度、科考制度，以及建立高等学府。

政治方面，隋唐宋时期的统治者采取新的行政架构，在中央实行三省六部制，在地方实行州县制。官员选拔方面，中央政府定期举办科举考试，削弱了士族大家左右政治的权力。

三省六部制

隋朝建立后，确立了三省六部制。到了唐朝，该制度得到了进一步完善。"三省"指的是中书省、尚书省、门下省，"六部"指的是吏部、户部、礼部、兵部、刑部、工部。

中书省负责制定决策，门下省负责审核工作，尚书省负责执行任务，三省共同管理中央政务。

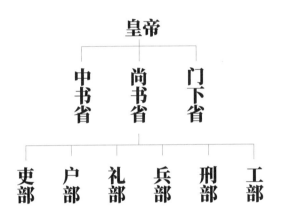

▲ 唐朝三省六部示意图

六部归属于尚书省，各部门分管不同的事务。吏部负责文官选拔等，户部负责掌管全国土地、户籍、赋税、财政收支等，礼部负责礼仪与祭祀等，兵部负责武官任用等，刑部负责制定刑法和律令等，工部管理土木水利工程及农、林、牧、渔等产业等。

唐朝时期，许多平民子弟以参加科举考试的方式获取三省六部官职，他们的家族地位不高，不会像士族子弟那样分散统治者的权力。自三省六部制得到实施后，皇帝加强了中央集权，拥有了绝对的皇权。

唐朝中央政府在地方实施州县制，直接任命官员管理各州县。针对边疆地区，中央政府派遣节度使处理军事和政治事务。

宋朝皇帝主张"重文抑武"，也就是重用文臣，抑制武将。宋朝的中央政府沿用了三省六部制，并在此基础上增加了军事部门枢密院，进一步削弱了三省官员的军事权力。

▲ 唐朝官员

科举制

在隋朝以前，各政权主要采用九品中正制来任用人才，士族大家通过这一制度把控了官员选拔通道，获取了极大的政治权力。隋朝刚刚建立时，开国皇帝隋文帝努力把官员任用的权力收回中央，废除了九品中正制，初步建立起通过考试选拔人才的制度。隋炀帝时，进士科的创立，标志着科举制的正式确立。从那以后，没有家族背景的普通人便可以通过科举考试获得做官的机会。

唐朝继承并完善了科举制，把科举考试划分为两级，在地方由州府开展"解试"，在中央由尚书省礼部开展"省试"。

科举考试的科目有秀才、明经、进士、明法、明书、明算等，其中以明经和进士两科最为重要。明经主要考儒家经典，进士主要考经、史、时务等内容。

宋朝时期，统治者进一步扩充了官员录用名额，并且在保留解试和省试的基础上，额外增加了由皇帝主持的"殿试"。

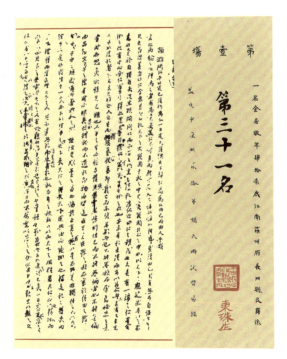

▲ 科举考试的试卷

自隋朝到清朝，科举制存在了约 1300 年，为官员选拔事项带来了许多好处。相较于分封制那样的世袭制，以及九品中正制一类的举荐制，科举考试具有公平、公开、公正的优点，不仅解决了士族大家影响政治的问题，还让平民子弟获得了做官的机会。此外，科举考试能够考查考生的治国才学，让那些真正有学识、有能力的人担当官职。

不过，科举制也存在一定的不足之处。在很长一段时间中，科举考试是读书人唯一的出路，假如一个人苦学多年却无法考取功名，那么他很有可能一辈子都一事无成。另外，时代发生改变，科举考试的内容却长期不变，一些读书人在思想和眼界方面也因此受到了限制。

由于科举制比世袭制和举荐制更符合当时的需求，东亚其他国家也受此影响，效仿唐宋王朝建立了太学或国子监（沿袭太学传统的国立高等学府），采用科举制选拔官吏。16世纪以后，科举制被意大利人利玛窦介绍到欧洲，得到了英国和法国一些思想家的推崇。

▼宋朝科举考试

唐宋时期的城市及百姓生活

唐朝时期，以都城为代表的大城市逐渐发展繁荣。唐朝都城长安城中的居住人口数量最多时超过百万，其中外来商人多达 10 万。

长安城采用坊市制的城市格局，百姓住宅区和商业区被分隔开来。针对商业区，政府严格管理参与买卖的人员和货品物资的进出，施行宵禁政策，禁止人们在夜间活动。

▼ 唐朝长安城平面图

宋朝时期，全国城市数量高达上千个。北宋都城东京和南宋都城临安都是相当繁华的大城市，人口数量超过百万。

宋朝中央政府没有沿用坊市制，而是实行街巷制。"街"指的是商店林立的街道；"巷"指的是排布着住宅，并能通往街道的巷道。城市里的百姓不以耕田为生，他们从事手工业、服务业、娱乐业，甚至发展起广告业。

自宋朝开始，中央政府取消了宵禁政策，发展起夜晚开放的市场，即"夜市"。

▼ 北宋东京城平面图

唐朝的百姓生活

相较于汉朝时期，隋唐百姓的生活方式发生了很大变化，体现出各民族交融的特点。

在唐朝，汉人认为西域人的服饰更舒适，也更方便劳作，于是流行起穿胡装。

饮食方面，商人自西域引进了很多全新的作物品种，百姓的日常饮食更加丰富。

用具方面，汉人原本习惯于直接坐在地上，但在隋唐以后，人们接受了西域的高足家具，也就是有支腿的桌子和椅子等。

▶ 唐朝服饰

▲ 西凉伎舞狮

娱乐方面，隋唐时期的汉人学会了西域地区的娱乐方式，比如草原民族的歌舞、乐器、马球，以及棋类、杂技、魔术。上自皇帝，下至百姓，人人都喜欢这些游戏和表演。今天，人们会在春节期间表演舞狮，而舞狮正是当时传入中原的一种"西凉伎（jì）"，即来自凉州（今甘肃省武威市）的技艺。

隋唐宋时期的经济

农业

隋唐宋三朝，农业仍然是中国最主要的经济产业，并且呈现出新的发展特点——长江流域取代黄河流域，成为新的重点产粮区和经济中心。

隋朝时期，北方面临粮食短缺问题，当时的统治者在全国范围内修建了大运河（人工挖成的可以通航的河），方便人们把南方的粮食等物资运送到北方。大运河全长达到了2700多千米，中心是洛阳。大运河为人们带来了航行的便利，并且作为政治、经济和文化的纽带，把南北百姓的生活联系在一起。

自隋朝到宋朝的600多年中，中国经济稳定发展，整体人口数量有所增长。隋朝人口数量最多时超过了4000万，唐朝人口数量最多时在5000万以上。到了北宋，人口数量最多时将近1亿。

随着人口增多，耕地面积也实现了增加。唐朝生产工具的改进和水利事业的发展，使土地的可耕率、利用率大大提高，垦田面积不断扩大，粮食产量大幅度增长。

与唐朝相比，宋朝虽然国土面积大幅减少，但耕地面积有所增加，原因在于政府的政策良好，百姓开垦耕种的积极性高。

手工业

唐宋时期，农业为经济提供了保障，带动了手工业的进步。当时，中国的矿冶业逐渐发展兴盛，陶瓷制造业（指陶器制造业和瓷器制造业）、造纸业、制墨业和纺织业等手工业也十分发达，处于世界领先水平。

矿冶业：产量提升，行业兴盛

矿冶业，指的是采矿业和冶金业。唐朝时期，由国家控制的金属矿业达到了上百家，涉及金银矿、铁矿、锡矿和铜矿等矿石的开采。采矿业带动了冶金业的发展，一些冶金作坊的规模达到上百人，工人们的劳动分工非常细致。

冶金业既需要金属矿石，也需要煤炭燃料。宋朝时期，许多劳动者从事采煤工作，他们完善采煤流程，改进采煤设施，大幅提升了煤的产量。在北宋都城东京，人们不仅能用煤去冶炼金属，还会把煤当作日常取暖的燃料。

陶器制造业："唐三彩"的出现

"唐"是"唐朝"的意思，而"三彩"并不是指陶器上只有三种颜色，而是包含浅黄、赭（zhě）黄、浅绿、深绿、蓝色等多种色彩。

唐朝人用唐三彩工艺制作陪葬器物。唐三彩陶器的造型主要有人物、动物和器物等。人物有文臣、武将、仆人等，动物有马、骆驼、牛、羊等，器物有文房用具和室内用具。唐三彩作品是唐朝百姓生活的缩影，我们可以通过观赏这些作品来了解当时的风俗和审美。

▲ 三彩腾空马

瓷器制造业：青瓷与白瓷

青瓷较白瓷更早出现。两种瓷器虽然外观颜色不同，但都由高岭土制作而成。高岭土的铁元素含量越高，瓷器的颜色也就越深。

唐朝时期，青瓷制造业发展成熟，以南方越州一带（今浙江省余姚市一带）的越窑瓷器最为著名。唐朝诗人陆龟蒙曾写下诗文"九秋风露越窑开，夺得千峰翠色来"来赞美越窑青瓷，意思是九月秋风吹拂，露水沾衣，越窑中烧制的瓷器出炉，这瓷器如此青翠美妙，像是把千峰万山树木的翠色夺来展现在人们面前。

宋朝时期诞生了汝窑、官窑、哥窑、钧窑、定窑五大名窑，其中汝窑地位最高。汝窑青瓷器质量上乘，数量稀少，外观呈现出深邃而透亮的淡蓝色，精致且美观。

定窑是五大名窑中唯一的白瓷瓷窑，那里生产的瓷器洁白如玉，常带有雕花和纹饰。

▲ 越窑秘色瓷八棱净瓶

▲ 汝窑天青釉葵瓣式盏托

宋朝各地的瓷窑每年可烧制上千万件瓷器，许多商人携带瓷器去中东和欧洲开展贸易活动。中央政府对此收取相关贸易赋税，财政收入水平相当高。

造纸业和制墨业：文房用品的发展

唐宋时期，平民子弟可以通过参加科举考试谋取官职，因此许多百姓都很有读书学习的热情。读书人多了，书写用品的需求量也就大了。人们谈及古代书写用品时，常常会提到"文房四宝"，也就是笔、墨、纸、砚。

唐朝时期，巴蜀地区盛产平整光滑、精致美观的纸张。五代十国时期，南唐末代君主李煜在其皇宫中收藏了大量的上等纸张，并以藏书房的名字"澄心堂"加以冠名。到了宋朝，南方地区其他城市的造纸业也发展至成熟。

北宋时期，澄心堂纸的制造工艺已经失传，人们很难求得如此宝物。当时的名臣、书法家蔡襄留下墨宝《澄心堂纸帖》，希望有工匠能仿制出澄心堂纸这样的上等纸张。

人们现在创作的中国书画作品多用墨汁，而古人则是用墨锭（dìng）。与液体的墨汁不同，墨锭呈固体形态，经加水研磨后可成墨汁。在古代，制墨业是一种相当复杂的手工业。工匠以燃烧松木得到的烟灰为原料，加入胶和朱砂等材料进行搅拌，之后压入

▲《澄心堂纸帖》

模具成型，经过长时间的晾晒，才能制成墨锭。在制墨的各项环节中，工匠要控制火候、温度、湿度等因素，以保证墨锭颜色乌黑，触感光滑，香气纯正，质地坚硬。上等墨锭中还添加了麝香之类的香料，或金箔这样的黄金材料，并且外表绘有精美的纹样。

唐朝末年到五代十国时期，歙（shè）州李廷珪家族生产的"李墨"十分著名，有"黄金易得，李墨难求"的美名。李墨中含有珍珠等名贵材料，色泽黑润，不易褪色，气味清雅，保质期长。

宋朝以后，歙州改名为徽州，并且该地许多人家发展起制墨业，大家就把当地生产的墨称作"徽墨"，而外地生产的墨则不能使用这一品牌。

纺织业：棉花纺织业的出现

宋朝以前，平民百姓多穿着麻制成的服装。到了南宋时期，福建和广东等地的商人引进了产自东南亚的棉花。后来，华南一带的百姓开始从事棉花的种植和纺织工作。自宋朝至今，棉花一直是人们最重要的制衣原材料。

丝绸业方面，宋朝都城开设了官营和民营两种作坊，官营作坊专为皇室成员制作衣物，民营作坊则为普通百姓生产纺织品。

商业

唐宋以前，许多统治者都主张"重农抑商"，重视农业的发展，抑制商业的发展。自唐朝开始，中央政府逐渐减少了对商业的限制。

在唐朝，人们不仅修建了以长安为中心的道路网络，还修建了以洛阳为中心的水上交通网络。当时，中国是世界上最富有的国家，众多中外商人借助陆运和航运开展贸易，他们来往于长安、洛阳、苏州、扬州、成都、广州等商业中心城市，买卖各地出产的商品。

唐朝时，由于外国商人人数众多，政府在泉州和广州这样的贸易口岸为他们划定了专门的居住区域。

宋朝时期，商人们需要临时的住所和货物存放地，于是官方和私人都开展起房屋出租和货栈（仓库）出租的服务。宋朝人还发展起租车一类的行当，方便生意人或旅行者临时租用交通工具。

宋朝的商业网络不但覆盖了城市，而且触及乡村。南宋画家李嵩的一幅《货郎图》，栩栩如生地为我们展现出当时乡村卖货郎的形象，呈现出当时繁荣的商贸场景和热闹的生活气氛。

▲ 卖货郎

宋朝人在贸易过程中发现，铜铁制成的钱币很沉很重，不方便在远距离贸易中使用。于是，四川地区的人们开始使用"交子"（一种纸质存款证明）来代替钱币进行交易，创造性地解决了这一问题。"交子"由此成为世界上最早的纸币，因其方便易用的特性广泛流通。

由于经济中心向南迁移，东南沿海的港口变成了最重要的贸易中心。唐朝只在广州一地开设了市舶使（市舶司的前身。市舶司就是管理海上贸易的政府机构，相当于现在的海关），而宋朝在广州、泉州、杭州等东南沿海城市开设了多个市舶司。宋朝人跟朝鲜、日本，甚至阿拉伯半岛和非洲东海岸的一些国家，都有贸易往来，进出口货物品种众多，出口的物品有丝、绢、陶瓷、药材等，进口的物品有珍珠、犀角、象牙、钻石等。

宋朝中央政府的财政收入非常可观，其中 30% 来自农业赋税，70% 来自工商业赋税。据历史学家估计，南宋很多年份的税收超过 1 亿贯，这个数字到清朝末年才被超越。

▲ 北宋纸币

《清明上河图》

　　《清明上河图》是北宋画家张择端的风俗画作品，描绘了北宋都城东京的自然风光和生活景象，有栩栩如生的人物，有牛、驴等牲畜，还有车、轿、船舶等交通工具，以及形形色色的房屋和桥梁。

　　"清明上河图"的"清明"是清明节的意思吗？关于这个问题，学者们有着不同的看法。有人认为"清明"指的是太平盛世政治清明，有人认为"清明"是东京城中的清明坊一带，还有人认为"清明"就是清明节。

　　《清明上河图》不但描绘了繁荣昌盛的社会风貌，还体现出画家精致细腻的用笔手法，在题材内容和艺术形式两方面都具有极高的价值。当你欣赏这幅画作时，不但能领略到宋朝都城的盛大景象，还能感受到古代绘画的独特魅力。

科学技术的进步

唐宋时期，经济的发展带动了科技的进步，四大发明中的火药、指南针和印刷术都在此时发明或得到广泛应用。

火药

唐朝炼丹师清虚子在其著作《太上圣祖金丹秘诀》里提到了"伏火矾法"，也就是制造火药的方法。今天的科学家对化学元素有了充分的认识，他们认为"伏火矾法"就是把硫、硝、碳三种化学元素相混合，从而得到易燃烧的物质。炼丹师可能是在炼制丹药时无意中发明了火药，而火药最早只是制造烟花的原料，后来才被应用到武器制造方面。

阿拉伯商人将火药向西传播开来，进而贩卖至欧洲。中国发明的火药传入欧洲后，对欧洲的火器制造和作战方式产生巨大影响，推动了欧洲社会的变革。

指南针

在战国时，人们就已经会利用天然磁铁做成指南工具——司南。宋朝时，人们开始用人造磁铁制成指南的工具——罗盘。1123 年，宋朝官员曾漂洋过海出使朝鲜，并把相关经历记载在《宣和奉使高丽图经》一书中。根据书中记载，当时人们已经能够利用指南针（罗盘）进行导航。

阿拉伯商人同样将指南针传入欧洲，这大大促进了世界远洋航海技术的发展。

▲ 罗盘

印刷术

隋唐时期，读书人对书籍的需求量很大，于是能够大批量复制文字内容的雕版印刷术得到了普及。印刷作坊里的工匠先是在木板上雕刻文字，之后给木板涂上一层墨，再将纸张铺在制好的版上进行拓印，即可得到复制印刷品。

宋朝时期，工匠毕昇发明了一种新的印刷技术，也就是活字印刷术。利用这种技术，工匠预先准备好许多类似印章的单个文字泥模，开始印刷时，他们会根据文字内容挑选并排列相应的文字泥模，再进行涂墨和拓印工作。相对于雕版，文字泥模可以活动，因此得名"活字"。

活字印刷术在一定程度上节约了工作时间，提升了印刷效率，为知识的传播提供了更便利的条件。活字印刷术先后在朝鲜、日本、东南亚和欧洲地区得到推广，促进了各地文化的发展。

▲ 活字印刷

43

文化艺术的繁荣

唐宋时期，造纸业发展兴盛，印刷术得到普及，在良好的物质条件基础上，文化艺术发展到前所未有的高度。这一时期，文人墨客留下了非凡绝妙的诗词篇章，艺术大家创作了高超杰出的书法、绘画作品。

诗词歌赋

秦朝以前，中国的诗歌艺术已经拥有相当高的水准，最重要的代表作是《诗经》和《楚辞》。早期诗文和音乐不分家，上到宫廷，下到田间，男女老少都会唱诵各式各样的诗歌。南北朝时期，萧统（501—531年）收集整理了19首流传于世的古诗，汇编成诗集《古诗十九首》。这些诗文通俗易懂，读起来朗朗上口，影响了后世诗人的创作。

唐朝时期，诗人们留下的名篇可谓"前无古人，后无来者"，不曾被其他朝代的诗作所超越。

唐朝诗歌题材多样，诗人有时描写景色，抒发情感；有时歌颂事物，表达志气。有些诗人还会根据自己所处的环境选择诗歌主题，或书写边塞生活，诉说对祖国的热爱；或描绘田园生活，展现对美好生活的向往。

唐朝诗歌在形式方面韵律考究，诗人们多写格律诗，也就是绝句或律诗。格律诗在字数、长短方面有严格规定，绝句一般有4句，五言绝句20字，七言绝句28字（"言"指的是字数，"五言"是每句5字，"七言"是每句7字）；律诗一般有8句，五言律诗40字，七言律诗56字。

诗人为什么要写押韵的诗歌呢？那是因为押韵的诗文在语音方面更和谐，能够方便人们吟诵和记忆，具有节奏和声调的美感。如果一首诗在韵脚等方面符合规范，那么人们会称赞它"工整"。

唐朝的诗人

"诗仙"李白（701—762年）

李白与杜甫并称"李杜"，他们同属一个时代，彼此情谊深厚。

李白性格洒脱，作诗风格豪放，因而被称为"诗仙"。

杜甫曾写诗描写李白其人"天子呼来不上船，自称臣是酒中仙"，称李白的文采是"笔落惊风雨，诗成泣鬼神"。

▲李白

"诗圣"杜甫（712—770年）

杜甫常在诗作中抒发忠义仁爱、忧国忧民的思想情怀，于字里行间体现其高尚的道德品质。因此，后人称杜甫为"诗圣"，称其诗篇为"诗史"。

▲杜甫

"诗魔"白居易（772—846年）

白居易作诗题材广泛，语言平易通俗，他曾用诗文描述自己"酒狂又引诗魔发，日午悲吟到日西"，意思是酒醉导致诗兴大发，从正午时分悲叹到夕阳西下。

据说白居易对待诗歌如同着魔一般全情投入，嘴巴因诵读生了疮，手指也因书写长了茧，因此得名"诗魔"。

▶白居易

"诗佛"王维（701—761年）

王维精通诗、书、画、音乐，他常常书写田园诗歌，并绘有许多山水画作。王维是朝廷里的高官，但他并不看重物质上的荣华富贵，而是追求精神上的智慧豁达，因此被称为"诗佛"。

▶ 李贺

▲ 王维

"诗鬼"李贺（790—816年）

李贺自幼展现出过人的诗歌天赋，但他在做官这件事上并不顺利，所以常常满心苦闷。他在作诗时多用"苦、寒、冷、魂、泣"等悲哀忧愁的字眼，刻画出一幕幕清冷凄苦的景象。后人把这种冷艳瑰丽的诗歌风格称为"李长吉体"，称李贺为"诗鬼"。

唐朝多诗人，宋朝多词人，唐诗与宋词可谓中国古代文学史上的两大高峰。现代人通常认为词和诗的地位相当，但在北宋文人看来并非如此。宋朝科举考试仍然会考查诗歌创作，词则是文人饮酒作乐时编写的"顺口溜"。

北宋末年的词人多描写个人生活，以通俗娱乐主题最为常见。后来，社会形势动荡不安，许多词人从北方搬迁到南方，成为"南渡词人"。李清照和辛弃疾等词人不再作词娱乐，而是书写严肃的国家兴亡问题。自那时起，词人赋予词作更高的价值，宋词的地位也因此得到了提升。

书画艺术

唐朝时期，书法艺术走向繁荣。唐太宗李世民倡导臣民学习书法，并且在国子监中开设了书法学科。

唐朝最负盛名的书法家是颜真卿、欧阳询、柳公权等人，他们都非常擅长楷书。其中，颜真卿用笔浑厚，字迹似有筋骨；而柳公权用笔刚劲，字迹均衡硬朗。人们至今仍然用"颜筋柳骨"来形容他人的书法作品刚劲有力，水平高超。

宋朝时期，苏轼、黄庭坚、米芾(fú)和蔡襄并称"宋四家"，他们既擅长书法，也擅长绘画。

宋朝以前，画作多是由地位不高的工匠绘制而成，宫廷里的画师也称不上名家大师。到了北宋后期，许多官员通过绘画来抒发情怀，他们的画作被称为"文人画"，与宫廷画师和民间画匠的作品有所区别。

文人画多以山水、花鸟或植物为描绘对象，创作者并不看重画与现实的相似程度，而是更在意画作的意境、韵味和气势，以此表现自己的人品和思想。

▲ 颜真卿的书法

▲ 柳公权的书法

中华文明的传播

唐宋时期，中华文明繁荣灿烂，影响了同处亚洲的日本、朝鲜和越南等国家。

日本

汉朝史书记载了有关日本的信息，到唐朝时，中日之间往来增多。自592年到710年，日本处于飞鸟时代（国都在飞鸟的时代），与中国的隋唐时期相对应。当时，日本统治者学习并效仿隋唐王朝的政治文明，采取"大化改新"的改革政策，废除了本国的豪族制度，建立了中央集权国家。

文化方面，日本统治者接受了儒家思想，派遣使者和留学生到中国学习。宗教方面，佛教自中国传播到日本，并逐渐推广开来。自660年以后，日本统治者全面学习中华文明，效仿唐朝中央政府发行货币，颁布律令。

794年到1192年，日本处于平安时代（国都在平安京的时代），日本使者两次来到中国，他们除了学习唐朝的政治和文化，还就佛教问题展开交流。宋朝时期，中日政府之间的交流不如唐朝时频繁，但两国商人依然有贸易往来。

▲ 唐招提寺

朝鲜

朝鲜半岛与中国陆地只有一江之隔，在古代两地交往就比较密切。朝鲜半岛上曾有高句（gōu）丽（lí）、百济、新罗三个封建国家，其中跟中国相邻的高句丽实力最强。

372年，高句丽开始向中国学习，开办太学，并立佛教为国教。朝鲜的太学学生多是贵族子弟，他们学习中国的儒家文化。

7世纪，新罗统一朝鲜半岛。新罗提倡儒学，设国学，实行科举制，并以录用儒生出身的官吏，代替过去主要按门第和武功录用官吏的办法，加强中央集权。为了掌握儒学，许多贵族子弟被派到唐朝留学。

越南

公元前3世纪晚期到公元10世纪初期，中国的政治和文化长期影响着越南。宋朝时期，越南效仿中国推行科举制，并重用儒生出身的官员。

结 语

魏晋南北朝以后，中国进入文明繁荣的隋唐宋时期。

隋唐宋时期，中央政府以三省六部制作为行政机构，并开展科举考试选拔官员。

唐朝城市采取坊市制格局，宋朝城市采取街巷制格局。

唐宋时期，农业产量进一步提升，手工业中的矿冶、陶瓷、造纸、制墨、纺织等行业发展兴盛。宋朝时期，中央政府鼓励百姓经商，人们开始使用纸币，并且开展起房屋、货栈和交通工具的租赁业务。

唐宋时期，经济发展带动了科技的进步，四大发明中的火药、印刷术和指南针均在此时发明或得到广泛应用。同一时期，文人墨客留下了非凡绝妙的唐诗、宋词佳作，艺术大家创作了高超杰出的书法、绘画作品。

中华农业文明于隋唐宋三朝发展至巅峰，影响了日本、朝鲜和越南等国家的政治和文化发展。

第三章

元朝

元朝的建立与衰落

蒙古的发展

北宋时期，与北宋并立的政权，北方有契丹族建立的辽，西北有党项族建立的西夏。1115年，生活在黑龙江流域和长白山一带的女真族建立金。1125年，金灭辽。1127年，金军攻破开封，北宋灭亡，随后南宋建立，与金形成南北对峙局面。10世纪到12世纪，蒙古族先后依附于辽、金政权。12世纪时，蒙古草原上分布着许多部落，相互之间纷争不断。1206年，铁木真（1162—1227年）完成了蒙古草原的统一，建立蒙古政权。他成为族人的大汗（古代蒙古族最高统治者被称作"大汗"，意思类似于国王），被尊称为"成吉思汗"。

1227年，蒙古击败了西夏，西夏灭亡。1234年，南宋与蒙古联合击败了金朝政权，随后双方达成了各自撤退的约定，蒙古军队退至黄河以北。这么一来，北宋故土腹地河南成了无人治理的区域。南宋统治者希望收复北宋故土，于是派兵前往当地，史称"端平入洛"。蒙古统治者认为南宋违背了约定，因此双方不断发生战争。

与此同时，蒙古内部也因制度问题出现了分裂的隐患。一方面，统治者采取分封制管理国家，导致封地管理者发起叛变；另一方面，蒙古出现了汗位之争。

▲成吉思汗

元朝的建立

1260年，成吉思汗的孙子忽必烈（1215—1294年）继承了汗位，他统治下的蒙古与南宋为邻。忽必烈接受了汉族儒臣提出的"行汉法""行仁政"等建议，并施行"治国安民"的方略，注重农业发展。

1271年，忽必烈认为国家在自己的统治下"舆图之广，历古所无"（疆土之辽阔，历史上前所未有），于是改国号为"元"，次年定都于大都（今北京）。"元"字来源于中国先秦时期的传统典籍《易经》，"大哉乾元，万物资始，乃统天"，意思是蓬勃盛大的乾元之气，它是万物创始的动力来源，统一贯彻于天道运行之中。

忽必烈建立元朝政权之后，继续南下进攻南宋。1276年，元军攻入南宋都城临安，南宋灭亡。1279年，元军攻灭南宋残部。元灭南宋，结束了我国历史上较长时期的分裂割据局面，再次实现了多民族国家的统一。

▲ 忽必烈

▲ 元朝贵族女性服饰

元朝的衰亡

元朝建立以后，对外战争胜少败多。与此同时，元朝皇室仍然存在皇位继承方面的问题，历代统治者在位时间比较短，而夺取皇位的政变事件多次发生。出于这种原因，元朝的政治始终处于动荡局面。

元顺帝在位时间比较长，他曾推行一系列改革，包括恢复科举考试、减免赋税等。元朝末年，黄河泛滥，朝廷强行派百姓无偿治理洪水，因此引发了以红巾军为主体的农民起义。

红巾军，顾名思义，这支起义军的标志是参与者人人头上裹一块红色头巾。红巾军起义始于 1351 年，其中最重要的人物是朱元璋，他后来推翻了元朝的统治，于 1368 年建立了明朝。

元朝时期的政治制度和经济贸易

政治制度

在汉族官员的帮助下，忽必烈以历代中原帝王的统治方式为参考，确立了行省制度。忽必烈保留了三省中的中书省，其下设置六部。在中央，中书省掌管全国行政事务，枢密院掌管全国军事事务，御史台负责监察事务。

元朝时期，把今山东、山西和河北合称"腹里"，直接归中书省管理。其他地区，除了吐蕃、畏兀儿（即维吾尔）地区之外，设有河南、陕西、四川、甘肃等行省，各行省下又设路、府、州、县。元朝的行省制度有助于统治者加强中央集权，对中国后来的各个历史时期产生了深远的影响。今天的中国仍然将"省"当作地方一级行政区域，各省名称和建制基本来源于元朝时期的行省制度。

元朝疆土辽阔，统治者为控制边疆设置了多个管理机构。比如，宣政院负责管理西藏，澎湖巡检司负责管理澎湖和琉球（今中国台湾）。

经济贸易

蒙古族是游牧民族，原本没有土地制度，后来在征服金朝的过程中保留了汉人的农业生产方式。元朝历代统治者没有受到"重农抑商"的影响，十分重视商业。

元朝的都城大都是当时的世界商业中心，许多东西方商人在那里进行买卖交易。元朝疆土辽阔，各地修筑了四通八达的道路，建立了许多驿站（类似于邮局）。商人可以走畅通的陆路向西去往中亚、西亚及东欧等地区，增进了东西方贸易往来。同时，海路交通的范围也进一步扩大，海上丝绸之路于元朝时期发展兴盛，中国与多个国家达成了贸易往来。

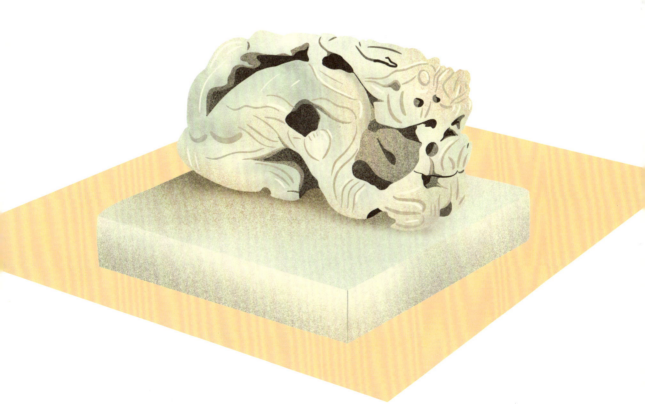

▲ 龙纽玉押

元朝时期的文化艺术

元曲

元曲与唐诗、宋词类似，也是一种中国古代文学文体。元曲兴盛于元朝时期，包括散曲、杂剧等。

散曲是一种形式上类似于宋词，而内容更加直白通俗的曲；杂剧属于一种综合性的艺术，既有音乐、歌舞，也有动作、念白。元曲有时单指元杂剧，最初流行于大都一带，后来传入了南方。

▼元杂剧表演

小知识

元散曲《天净沙·秋思》

马致远（约1251—约1321年）是元朝时期著名的元曲作家，他曾写出名篇《天净沙·秋思》。

这首元曲用简练的手法概括出深秋的景致，整首曲28个字，却描写了10种意象。作者在曲中借景抒情，营造出自己内心的意境，身为远离家乡的游子，他的心情如秋景般凄凉悲苦。

天净沙·秋思

[元]马致远

枯藤老树昏鸦，

小桥流水人家，

古道西风瘦马。

夕阳西下，

断肠人在天涯。

译文

枯藤绕在老树上，

黄昏时乌鸦归巢。

小桥下溪水流过，

溪边是百姓的家。

古道上，秋风中，

骑一匹瘦马走过。

夕阳西下，

忧伤的游子漂泊在天涯。

◀马致远

▲ 关汉卿

关汉卿与《窦娥冤》

元朝最著名的戏剧家是关汉卿，他和马致远、郑光祖、白朴并称"元曲四大家"。关汉卿生活在金末元初，他多才多艺，同情百姓疾苦，于晚年写下代表作《窦娥冤》（全名《感天动地窦娥冤》）。

《窦娥冤》讲述了这样一个故事：善良、孤苦的女子窦娥被无赖陷害，遭昏庸官员毒打，被迫承认自己是杀人凶手，竟落得被判决死刑的结局。窦娥满腔悲愤，她在受刑前许下三个愿望：死后必血溅白练、六月飞雪、三年大旱。窦娥的

冤屈感天动地，她的三个愿望一一得到了实现。

《窦娥冤》的艺术价值极高，其中的人物性格鲜明，故事情节曲折，主题思想深刻。关汉卿用这部悲剧作品展现了下层百姓的生活境遇，揭露了社会中的黑暗现象，同时也反映出普通百姓伸张正义、惩治恶势力的愿望。

▼《窦娥冤》

结　语

　　13 世纪初，蒙古族发展壮大，建立了蒙古政权。1271 年，蒙古统治者忽必烈改国号为"元"，建立了元朝政权。最终元灭南宋，再次实现多民族国家的统一。元朝政治动荡，最后覆灭于农民起义，国祚不足 100 年。

　　元朝实行行省制度，中央政府在边疆设置了多个管理机构。元朝的经济以农业为主，同时商业十分发达。元朝都城大都是当时的商业中心，各地有四通八达的交通网络，商人们可以经由陆上丝绸之路和海上丝绸之路进行贸易往来。

　　元朝时期，元曲发展兴盛。散曲方面，马致远写下了脍炙人口的《天净沙·秋思》；杂剧方面，关汉卿留下了艺术价值极高的经典悲剧《窦娥冤》。